DISCOVRS D'ESTAT SVR LES PLVS IMPORTANS SVCCEZ des Affaires, jusques à la prise de la Rochelle.

Envoyé à vn GRAND.

Les Peintures de Zeuxis estoient plus enuiées qu'imitées.

M. DC. XXVIII.

Discours d'Estat.

MONSIEVR,

Vos commandemens, me sont
des loix, & Vos merites, des Deitez si puis-
santes que ie ne les puis contredire, ny leur
refuser ce qu'ils desirent, quelque dessein
que i'eusse fait au côtraire; Car i'auois proté-
sté de ne plus escrire, pource que mon labeur
est ingrat, & mes seruices mal recognus.
Vous me commandez, Monsieur, que ie
vous envoye vne Relation sur les affaires
qui se sont passées durant vostre absence de
la Cour: Que ie fasse quelque sejour sur le
Suiet de Monsieur LE CARDINAL DE
RICHELIEV; Si les bruits que ses ennemis ont semez de la guerre des Anglois sont
veritables ou faux, & si la reputation qu'il a
acquise dedans & dehors le Royaume ré-
pond, & a quelque proportion à la grandeur de ses actions.

MONSIEVR, Pour parler des choses
grandes, & releuées, il faut auoir l'Ame de
mesme; Autrement ce seroit trop rabbatre
de la gloire, qui leur est deuë; Pour cette

raifon il n'eſtoit permis qu'aux meilleurs Sculpteurs, de trauailler aux Statuës de Mercure, & aux plus rares Eſprits du Regne D'Auguſte de deſcrire ſes Vertus : Ainſi pour parler auec de l'honneur à vn Grand, d'vn tres-Grand, comme eſt le C. D. R. i'aurois beſoin d'vn eſprit ſemblable au voſtre, ou au ſien, puis qu'il eſt mal-aiſé de diſcourir de la nature, & des mouuemens des Anges, que par la langue des meſmes Anges. Toutes ces difficultez, Monſieur, ne m'eloigneront pas pourtant de ce que ie vous dois. Ie paſſeray ſur toutes ſortes de reſpects, & taſcheray de reſpondre à la bonne opinion, & au choix fauorable que vous auez fait de voſtre tres-obeiſſant Seruiteur; luy commettant vn ſi haut deſſein. C'eſt ce qui vous obligera d'en proteger le trauail, s'il arriue qu'il ſoit publié. Voſtre Iugement & le nom de ce Grand Cardinal animeront ma plume, arboreront ce petit diſcours, & le rendront agreable par tout. Lon jettera pluſtot l'œil ſur l'ouurage que ſur Louurier : Auſſi le Peintre Nicias diſoit que le Sujet eſtoit la principale partie de l'œuure.

MONSIEVR, Ceux qui veulent en vn petit Tableau, portraire l'Vniuers ſe reſtraignent aux principalles parties, eſtant diffi-

cille de comprendre, en si peu de place, vne
infinité de Villes, d'Isles, & de bourgades,
qui sont en soy fort considerables. Aussi il
me faut reduire au petit pied, le Monde de
tant de Vertus, & de bônes parties qui se rencontrent en la personne du C. D. R. Passer
legerement sur la grãdeur de son Extractiõ,
& sur les Actions de ses premieres années
pour venir au plus solide, encores que ce qui
s'en taira, soit plustost digne de loüange, que
d'vn silence. De parler dauantage de son
origine, c'est chose superfluë, puisque ceux
qui en ont decrit la Genealogie, l'ont si bien
iustifiée, par des preuues si exactes, & si veritables, que l'enuie qui trouue à redire par
tout, ne les oze debattre. Ptolomée ne re-
ctifia jamais auec plus de soin, ny plus heureusement le poinct d'vne natiuité, comme
ils ont rencontré, en la curieuse recherche,
qu'ils ont faite, de la Splendeur, Antiquité,
& Merites de la Race Illustre, d'où il est
descendu. Pour ce qui s'est passé, Monsieur,
en son Aage plus glissant, l'on a remarqué,
Qu'*Annos leues, semper egit subpondere;* Qu'il
estoit vieil en soy-mesme auparauant que
de l'estre. Et comme les Naturalistes peuuent iuger en la plus tendre saison de l'aage,
à quel poinct de hauteur, les Corps peuuent

monter: Aussi par les premieres fleurs, qui sortoient en abondance d'vne si noble Tige, l'on a tousjours recognu comme au trauers d'vn Nuage, les Rayons penetrãs d'vn Esprit bien conditionné. Car encores qu'il auançeât de beaucoup en Doctrine, & qu'il eût vn Ascendant general sur les esprits de ceux de sa volée, sa Modestie & son Humilité, le rendoient egal à tous. Lon dit que Phidias, en ses Ouurages, & differens Sujets, où il s'appliquoit, paroissoit ce qu'il estoit ; Aussi en tous les lieux, & en toutes les occasions, où ce Grand Cardinal s'employoit, soit en la Dispute de la Sorbonne, ou lors qu'il parloit, ou donnoit au public, quelques liures de Doctrine ou de Pieté, l'on voyoit en ses deportemens les traces d'vne Ame releuée en toutes ses Facultez. Ce qui obligeoit ceux qui l'approchoient d'vne communication plus particuliere: Et ceux qui ne le cognoissoient que par les ailes de sa Reputation, ou par la lecture de ses liures, à faire vn iugement tres-certain en ce qu'il paroissoit alors ; de ce qu'il deuoit estre vn iour, & de ce qu'il est maintenant. Comme il se trouue des Arbres qui portent en vne mesme saison des fruicts meurs, demy meurs, & d'autres qui ne font que naistre : En croissant d'aage

de corps & d'efprit, il alloit cultiuant auec
vn fi grand foin les femences de fes Vertus,
& les a fait monter à vn fi haut degré, qu'il
femble, bien qu'elles foient des habitudes
electiues pofées entre deux extremitez vi-
cieufes : Que par vn rare miracle elles s'en-
tretiennent & fe bornent, la Iuftice, la
Temperance, & toutes les autres font tellement vnies en fa Perfonne, auec vn tel
rapport que les mouuemens des vnes, n'em-
pefchent pas les fonctions des autres. Ie ne
m'eftendray pas, Monfieur, fur les effects
particuliers de fes Vertus Morales, eftans
cōmunes à tous, & dependantes entieremēt
de la Volonté qui les ayme & veut, les peut
acquerir. Il faut qu'elles faffent place aux
plus grandes, & plus regardées en la Forrune
où il eft à prefent. Il faut qu'elles cedent à
cette Prudence prodigieufe, infeparable de
fon iugement; Il faut qu'elles cedent à cette
Prefence d'efprit, qui penetre & perce dans
les penfées les plus profondes de ceux qui
traitent d'affaires auecques luy; Il faut qu'elles cedent à cette Vigueur de courage qui
rend fes deliberations plus eminentes; Il
faut qu'elles cedent à cette Magnanimité,
l'ornement de toutes fes Vertus, qui le con-
uie à n'entreprendre rien que de Grand:

Toutes ces qualitez tres-Excellentes & tres-Rares qui luy sont Naturelles, ne se dōnent point du Ciel en ce degré, qu'à Ceux qui sont destinez de Dieu pour la conduite des choses Vniuerselles des Empires & des Monarchies. C'est en quoy l'on ne peut trop admirer la Prudence du Roy, d'auoir si à propos, apres auoir chàngé de tant de Ministres ; fait vne si necessaire election pour la direction de son Estat, d'vn Personnage de ce merite : Comme c'est vne marque de legereté de changer sans cause ; Aussi est-ce vne preuue de sagesse de changer de seruiteurs quand il en est besoin selon les occurrances, les temps, & les necessitez qui nous pressent. Les grandes Natures flottent & branlent tousjours en vn mouuement continuel, iusques à ce qu'elles soient paruenuës à vne habitude constante, & qu'elles ayent rencontré ce qui leur est propre pour s'y reposer & arrester fermement, ainsi que sa Majesté a fait en ce dernier choix ; Car depuis que par son tres-exprés commandemēt le C. D. R. s'est chargé du faix des principales affaires, la France a repris vn autre Visage & plus de vigueur, l'ordre y a esté remis, Vn chacun en general & en particulier s'est ressenty des effets notables de sa prudente conduite. Auparauant dans l'Estat ce n'estoit qu'vn Cahos & confusion, d'autant que ceux qui le gouuernoient immediatement deuant luy, ayant pris vn ordre tout contraire aux Anciens Ministres, abusoient de leur pouuoir, & n'auoient point d'autres fins que leurs particuliers interest, & ceux de sa Majesté demeuroient en arriere; Et pour n'estre pas versez aux Affaires Estrangeres, ils nous auoient jettez en la Guerre d'Italie. Gens qui n'auoient pour fondemēt que leur imprudence, que l'auarice de ceux qui obsedoient l'esprit du feu Connestable, & l'extreme Ambition du Duc de Sauoye.

Monsievr, Ceux qui veulent se resoudre sur des entreprises importantes, doiuent d'vne graue & meure deliberation, traiter exactement de l'euenement futur, & se representer auparauant que de rien conclure, toutes les fins & les suites qui peuuent tomber en l'execution de leurs desseins. Si cet ordre se doit obseruer en toutes choses, C'est singulierement au faict de la Guerre, où l'on ne faut pas deux fois, & où il est necessaire de regarder principalement, à la Iustice & à la qualité de la chose que l'on veut acquerir, au pouuoir de ceux qui y sont interessez, à l'opportunité du temps, à la facilité de vaincre, au fruict & à l'honneur de la victoire. En la guerre d'Italie il ne se trouue aucune de ces rencontres : Car il ne nous estoit ny honorable, ny juste de troubler le repos de ceux qui ne nous auoient point offencez , Encores moins deuions nous rompre auec le Roy d'Espagne, ayant la Paix auec luy & vne double alliance. L'opportunité du temps : Les Espagnols qui preuoient de loing ce qui peut arriuer sont preparez à tous euenemens; c'estoit vn diuertissement trop delicat pour faire leuer le siege de Breda. La facilité de vaincre Nos Armes ont esté peu heureuses en Italie; Aussi ce n'estoit que necessité en nostre Armée. Le Duc de Sauoye s'attribuoit la gloire de tous les Exploicts & le profit, puis qu'il vouloit mettre garnison aux places que le Connestable auoit conquises ; Il ne nous est rien resté de cette mal-heureuse Guerre que de la honte, de la despence, la perte de nos gens, & de nos Canons, Par le manquement des choses qu'il nous auoit promises auât que ledit Connestable cy engageast. Et si le Mareschal de Crequy au siege de Verrue n'eût vn peu releué l'hôneur de la Nation, l'Italie & le Piedmont, eussent esté côme autre fois le Cimetiere, où l'on eût enseuely la re-

putation

putation du mesme Connestable & de tous les François. Il n'y a donc que le Duc de Sauoye qui ait profité en cette Guerre : Car sur le pretexte qu'il prend, ou feint de prendre, il leue de nouueaux Subsides sur ses Subiets. Ce Prince tres-courageux embrassoit desja d'esperance & de Pensée l'entiere domination de toute l'Italie: S'il auoit autãt de fortune & de constance, que de courage, ce Monde seroit trop petit, Il en faudroit creer d'autres nouueaux; Encores ne sçay-ie pas s'ils seroient capables d'assouuir son Ambition, qui n'a point d'autre nourriture que d'elle-mesme. Il se fâche d'estre si proche de deux Estoilles Fixes, qui le regardent auec peu de Respect, & qui le consomment par l'ardeur de leurs Rais lumineux. Il voudroit bien s'elargir, mais il est situé entre deux Pôles immobiles, comme s'il estoit clos dans vne circonference Geometrique, où il faut par necessité qu'il s'arreste. Car de quelque costé qu'il se tourne, il ne trouue jamais son compte : Aussi dit-on qu'il resemble à ces Statuës de Mercure, qui ont tousjours vn pied en l'air ; dautant qu'en toutes les occasions qui se presentent il est prest de prendre l'essor, encores que iusques icy il n'aye rien gagné au change.

MONSIEVR, Ie vous ay long-temps
entretenu, comme la Guerre d'Italie auoit
esté resoluë, par les imprudents conseils, des
precedēs Ministres, qui auoiēt fait leur propre interest sans vne apparente necessité de
la Guerre d'autruy, au seul appetit du Duc
de Sauoye. Il faut aussi que ie vous parle de
la Paix honorable, qui fut negotiée souz les
Auspices, & sous l'Authorité du Roy, par
la Prudence & le Courage qui reluit ordi-
nairement dans les Conseils du C. D. R.
bien qu'il fut alors pressé des Armes de Soubize, & d'ailleurs. Paix qui releua la gloire
abbatuë des François, Paix qui leur fut plus
auantageuse, que s'ils eussent esté victorieux;
Paix tellement close & couuerte du secret
& du silence, qu'elle fut plustost sceuë qu'i-
maginée. Le Duc de Sauoye qui cōtinuoit
ses practiques à la Cour pour essayer d'in-
duire sa Majesté à repasser sur son premier
dessein, & qui pour en faciliter l'execution,
auoit exprés enuoyé en France le Prince de
Piedmont. Au mesme instant qu'ils estoient
les plus remplis d'esperance de la Guerre, la
Paix fut publiée, où le Duc de Sauoye y fut
compris auantageusement à la priere de sa
Majesté. Ce Prince glorieux s'interessa fort
de cette Nouuelle, Il en tesmoigna de grāds

ressentimens, car il se faschoit de se voir sur-
pris, & de n'auoir point esté informé d'vne
Paix, qui luy touchoit de si pres; Luy qui
despence beaucoup en Espions, & qui se
croit estre l'Arbitre, le Scrutateur des
Cœurs, & le supreme Censeur des pensées
& des conseils de tous les autres Princes. Depuis ce têps par vn excés de mauuaise volôté
qui le tourmête perpetuellement, il n'a cessé
de rechercher toutes sortes d'inuétions pour
nous troubler dedans & dehors le Royaume; Lon a bien sceu que son Ambassadeur
tres-adroit, pour seconder ses Pensées a fait
plusieurs voyages deguisé en Angleterre, &
en Allemagne pour les eschauffer à la Guerre. Et qu'il a esté Vn des principaux Arc-
boutans & boutefeux de la descente des
Anglois, les nourrissant de viandes peintes,
& des mesmes esperances dont il nous auoit
repus des Armes de son Maistre.

M O N S I E V R. Au mesme temps que
la Paix d'Italie & de la Valtoline fut resoluë.
Soubize fut deffait, ses vaisseaux coulez à
fond. Et luy se retira en Angleterrre, chargé
comme de coustume de beaucoup de hôte.
Cette Victoire assez Douteuse pour le têps,
fut paracheuée heureusement par la Prudence, & bonne Fortune qui assiste sa Majesté en toutes choses, par l'ordre du Cardi-

nal, & par la valeur, de Meſſieurs l'Admiral,
Sainct Luc, la Rochefoucault, & Thoiras.
Vn peu apres la deſroute de Soubize, les
Rochelois auſſi humbles qu'auparauant le
combat ils eſtoient preſomptueux, furent
neantmoins bien-heureux de venir adorer,
la Victoire, la Clemence, & la Magnanimité
du Roy, qui leur pardonna à la priere du
Roy d'Angleterre, & de Meſſieurs les Eſtats,
qui s'en eſtoient entremis, à la charge qu'à
l'aduenir ils ſeroient plus Sages; Que s'ils re-
tournoient à leur vomiſſement, ils le trou-
uerroient auſſi Iuſte & Rigoureux pour les
punir, comme il leur eſtoit maintenant doux
& Clement pour leur pardonner. Nous
voyons à preſent les effects de cette Pro-
phetie, Et ſur les inſtantes ſupplications
qu'ils firent à ſa Majeſté pour le razement
du Fort, elle ne leur promit rien de particulier. Bien leur dit elle en paroles generales:
Qu'alors qu'ils ſe rendroient dignes de ſes
bōnes graces, Qu'il leur ſeroit bon Maiſtre.
Certe paix donnee aux Rochelois, en vn
temps où ils eſtoient reduits en vne telle ne-
ceſſité, que ſi lon les euſt preſſez ils euſſent
eſté contraints de ſe rendre la corde au col.
Receut dedans & dehors le Royaume di-
uerſes interpretations; Les vns s'eſtonnoient
de ce que le Roy laiſſoit perdre vne occa-

sion qu'il ne recouuriroit peut-estre jamais, qui auoit esté cherement achetée & recher-chée des Roys, ses predecesseurs, & de luy mesme, Les esprits plus judicieux considerãs l'Anthipathie que sa Majesté a aux hugue-nots, à cause de leurs frequentes Rebellions, la prudence de son Conseil, Concluoient qu'il y auoit la dessouz quelque mystere ca-ché. Car lors que les Grands cedent & re-mettent de leurs droits à leurs inferieurs, il faut que d'autre costé ils y soient violentez. A Blois & à Nãtes vous veistes les Causes & les Effects de ceste Paix. Vous en sçauez les breues & les lõgues, ce qui m'ẽpeschera d'en parler. Ie vous diray seulement, que le suc-cez qui en arriua prouint du pur mouuemẽt du Roy, Que la Reine Mere, le Cardinal, & le Garde des Seaux, ne delibererent point là dessus, quelque chose qu'on ait voulu dire du contraire : Pource que aux affaires où le Roy se sent interessé en l'honneur, & où il trauaille d'office. Comme il est tres-Gene-reux, Aussi est-il fort Sensible, Ses resolu-tions sont longuement digerées, puis apres Inflexibles & Impenetrables : Vous en auez veu l'Exemple en Bouteuille. En ces occa-sions si pressantes, les Principaux Ministres suiuent ses commandemens, sans les inter-

preter, non plus que les Astres les mouuemens qui leurs sont ordonnez de la volonté
de Dieu. Et tout ainsi qu'aux anciens Sacri-
fices que l'on Celebroit au Soleil : les Sacri-
ficateurs n'allumoient point les Autels que
les flammes ne fussent tirées des plus purs
Rayons du Soleil. Aussi aux offences qui
touchent le particulier interest de sa Majesté
dont il desire tirer de la Iustice & de la Sa-
tisfaction, les Ministres & les Capitaines des
Gardes, ne trauaillent point de leur propre
mouuement, mais reçoiuent l'ordre de la
bouche du Roy pour executer ses commandemens.

MONSIEVR Il faut tenir pour tres-
asseuré, que ceux qui veulent conseruer le
bien Public, & leur Reputation, qu'ordi-
nairement ce qu'ils entreprennent succede
heureusement. C'est la cause côme ie croy,
qui deueloppa le C. D. R. de ces trois poi-
gnantes Espines, qui se rencontrerent dans
l'Estat, presque en vn mesme temps, & qui
donnera tels Complimens qu'il desirera à
ses resolutions: d'autant que tout le monde
recognoist qu'il n'a point d'autre but, ny
d'autre visée, que d'accroistre & maintenir
l'authorité du Roy, son honneur particulier
& l'vtilité Publique. Aussi l'on n'a point veu

iufque icy, quoy qu'il aye efté fort obferué, qu'il fe foit enrichy ny intereffé, en aucun fien profit, pour luy ny pour les fiens. Que fi fa Majefté la gratifié de quelque charge & gouuernement qu'il ayt acceptez, c'eft fans l'auoir demandée, & qu'il s'eft creu capable de la feruir en cet employ, Ne refufa-il pas il y a quelque téps vingt mil efcus de penfiõ, & plufieurs autres gratifications? Ce qui fut trouué cõme vn Prodige & fans Exemple. De voir vn Perfonnage de cefte condition, feruant actuellement iufques à la diminution de fa vie, de fa fanté & tref-puiffant; ayãt l'œil Iufte & les mains nettes. Non, non, ce n'eft point vn Prodige, la Vertu ne produit point des Monftres, c'eft fon naturel mouuement, de ne rechercher point d'autres Recompenfes, qu'en elle mefme. Pource que les hommes vertueux n'ont point vn plus grand Theatre de leurs genereufes actions, que leur Confcience, & l'Honneur de les auoir faictes. Et la fatisfaction à quoy ils tendent eft cefte extafe, & ce Rauiffement indicible qu'ils fentent en leurs Ames, de la gloire de leurs faits: C'eft ce qui a fait mefprifer, & fouler aux pieds des Cæfars, les Couronnes d'or, pour en choifir vne de Laurier. Car apres tant de victoires glorieuses & grandes Conquestes, pour toute recompence de leurs peines, Ils se contentoient que leurs armes & leurs Testes en leurs Triomphes, fussent couronnez de branches de Laurier. Couronnes qu'ils tenoient plus cheres, que si elles eussent esté couuertes & enrichies de toutes les perles & Pierreries de l'Orient: C'est ce qui fist refuser à ce braue soldat de Labienus, vne chaisne d'or qui luy fut offerte par son Capitaine. Luy disant que son courage & sa valeur ne se mettoit point à prix. Aussi à ceux qui sont dignes d'honneur, Dieu a mis tant d'or, & d'argent, pur & celeste sur le poinct de leur Naissance, qu'ils ont occasion de mespriser ces precieuses ordures, & excremens de la Terre.

MONSIEVR, Ceux qui entrent dans vn Pré florissant pour cueillir des fleurs, les nouuelles qu'ils descouurent leurs semblent plus belles, que les dernieres, & sont tellement eblouïs par la diuersité des couleurs, qu'ils ne sçauent où porter les yeux, & la main. Aussi me voyant entré insensiblement plus auant que ie ne pensois, dans vn Parterre, & vn champ si fertile de fruicts, & esmaillé de fleurs, dont est comblé l'esprit, du C. D. R. ie me trouue confus, & m'estendrois

drois volontiers au recit de tant de merueil-
les, N'estoit qu'au commencement de ce
discours, Ie me suis engagé de n'en parler
qu'en relief, & en racourcissement. Vous
me permetterez neantmoins, s'il vous plaist
Monsieur, auparauant que ie sorte de ce
Parterre, d'en cueillir vne couple de fleurs,
pour les vous presenter. L'vne est cete mo-
deration qui paroist en sa grande Fortune,
& qui s'est tant desiree, en ceux qui posse-
doient le mesme pouuoir. Car il s'en trouue
fort peu, qui reserre les voiles, mais beaucoup qui les desploient en pleine Mer, à la
ruine de tous, lors qu'ils ont le vent prospe-
re. Nous en auôs veu l'exemple en plusieurs,
lesquels ne se contentoient pas de posseder
paisiblement le pouuoir de leurs Maistres:
Mais ils joignoient par violence à leur Fortune, celle des autres Ministres à qui ils ne
laissoient aucun exercice en leurs charges,
qui ne releuât de leurs volontez, comme des
Loix de l'Estat. Le C.D.R. encores qu'il
soit plus puissant, dans l'esprit du Roy qu'ils
n'y estoient, dautant que les racines de la
Vertu sont plus profondes que celles de la
Fortune, espargne son credit, & en vse, auec
vn autre temperament. Et tout ainsi que le
Soleil lors qu'il est le plus haut eleué au Zo-

diaque, a ſon mouuement plus tardif, Auſſi
ſes actions ſont plus meſurees aù poinct où il
eſt, qu'elles n'eſtoient peut-eſtre, lors qu'il
eſtoit en vn moindre pouuoir. Car encores
que luy ſeul puiſſe exercer ſans peine, toutes
les charges de l'eſtat, il s'eſt ſeulement reſerué, pour ſa part du trauail, l'adminiſtration
des affaires Eſtrangeres, & celles qui touchent le cœur, & le chef de l'Eſtat, ſans rien
entreprendre ſur la function des autres Mi-
niſtres. Que s'il paroiſt puiſſant au deſſus
d'eux, c'eſt par l'Exemple de ſa vie, & la pure-
té de ſes actious, qui leurs ſeruent à tous
d'objet principal, afin qu'ē l'imitant ils exer-
cent auec dignité comme il fait le deu de
leurs charges.

MONSIEVR, La derniere fleur que ie
vous ay promiſe luy eſt toute particuliere.
Elle eſt nee dans ſon propre Terroir, car il
ne s'eſt jamais trouué de Miniſtre, quelque
habille qu'il aye eſté, qui ne ſe ſoit ſeruy de
la plume, des memoires, & des inſtructions
d'autruy, Où le C. D. R. en l'exercice de ſa
charge, ne prend rien que chez luy. Et comme ce grand perſonnage Hyppias Eleus,
quād il ſe trouuoit aux celebres Aſſemblées
des Grecs, s'habilloit depuis les pieds iuſques
à la teſte d'habits qu'il auoit faits de ſes pro-

pres mains : Aussi il ne se pare point, que de ses plumes, & ne depend que de luy-mesme : Car tout ce qu'il fait en l'employ de sa charge, est trauaillé de ses propres mains. Vous le voyez au milieu de ses deux Secretaires, qui ont plus de peine d'escrire, que luy de dicter, expedier les affaires d'Estat, auec vne si grande facilité, qu'il semble n'auoir jamais fait autre chose. En ses instructions, il y paroist vne grande lumiere d'esprit, & vn ordre admirable. Ses depesches sont remplies de côceptions, épurees dãs vn solide iugement; & enrichies de belles paroles, qui côme les pierres precieuses ont plus de poids que d'estendue.

MONSIEVR, Les discours calomnieux que les ennemis du C. D. R. ont semez, au sujet de la guerre des Anglois, sont si peu vray-semblables, & si grossiers, qu'il ne meriteroient point d'autres responces, que le mespris, & le silence. Car il a recherché par toutes sortes de moyens, d'auoir la Paix, la iugeant tres-necessaire pour le salut de son Maistre : mais les Anglois quelques offres auantageuses qui leurs ayent esté faites, n'y ont point voulu entendre. Ils trouuoient rousjours de nouuelles difficultez, aux propositions qui leurs estoient faites, sans nous oſter toutefois l'eſperance de la Paix, afin que ſous cet ombre, ils peuſſent plus ſeurement faire leurs apreſt pour la guerre: Que s'ils ſe ſont élargis, en accordant au Mareſchal de Baſſompierre plus qu'il ne leur demandoit, Ils donnoient ces auantages aux merites, & à la reputation de ce Seigneur, & regardoient pluſtoſt à ſa perſonne, qu'à la cauſe qu'il traictoit, car ils n'auoient aucune inclination à la Paix ils faiſoient comme ceux qui voulant aborder à vn riuage, pouſſent leurs perches à l'oppoſite du lieu où ils tendent. De meſme ce n'eſtoient que demonſtrations apparentes de la Paix: Et toutefois ils ſe preparoient tant qu'ils pouuoient pour la guerre. Auſſi le C. D. R. qui voit les effects dans les cauſes, tint pour ſuſpects, & trompeurs, les eſclairs de la Paix, qui parurent au retour du Sieur de Baſſompierre. Et ſans plus attendre donna ordre d'vne diligence incroyable par tous les ports, afin de n'eſtre pas ſurpris. C'eſt ce qui donna lieu aux diſcours qui ſe ſont tenus contre ſa Grandeur ſur la Guerre des Anglois. Ce ſeroit faire tort à ce grand Perſonnage de croire qu'il eût ignoré que les meſmes cauſes qui obligeoient ſa Majeſté, à deſirer la Paix ne fuſſent les meſmes qui empeſchoiẽt les Anglois de l'accepter. Les vns vouloient acheter le temps, & les autres ne le vouloiẽt point perdre, d'vne mesme cause, vn chacun vouloit tirer deux differens effects.

MONSIEVR, Ceux qui traitent auec les Princes, ne doiuent pas s'arrester, à ce qui paroist en leur exterieur, non plus qu'en leurs paroles; Mais il faut qu'ils penetrent, dans le fonds de leurs pensees, Qu'ils considerent ce qui leur est le plus vtile, & sur ce ils peuuent faire fondement certain de leurs desseins, plustost que sur leurs paroles. Il ne faut pas aussi, qu'ils ayent egard aux Alliances, amitiez, ou inimitiez, qui sont entr'-eux: Car leur interest est le Pole au tour duquel ils tournent tous leurs mouuemens, & fondent leurs resolutions. Que s'il arriue pour tromper plus facilement, ils semblent s'en eloigner, & s'approcher des demandes, qui leurs sont faites. C'est lors qu'il faut estre plus aduerty, pour ce qu'ils y retournent aussitost, & quittent pour y paruenir toutes autres sortes de respects. Car tout ainsi que ceux qui voguent, ont pour guide la Tramontane, & la Bussole, & à telle heure se destournent du chemin. Ils ne perdent & n'oublient pas toutefois leur guide, mais s'y ramenent. Et ceux qui tirent de l'Arc, encores qu'ils prennent leur visée vn peu plus haut, que le poinct où ils tendent , ce n'est pas qu'ils veulent eleuer leur coup iusques à cette haulteur, mais afin qu'ils puissent sous la conduite, & porportion, de si haute visée donner dans le but; Aussi aux grandes negotiations, il est necessaire d'auoir pour guide & pour visée, de penetrer dans la nature , & les interests, de ceux auec lesquels vous traitez , sans vous amuser à leurs carresses, & aux promesses qu'ils vous font. Mais il faut s'ajuster à ce qui leur est plus vtile, si vous ne voulez point estre deceu. Sur çes maximes tres-certaines, ceux qui trauailloient pour la Paix auec les Anglois , sans perdre tant de temps deuoient iuger si la Paix leur estoit plus vtile, que la Guerre , sans blasmer temerairemēt ceux qui connoissant leurs desseins y remedioient prudemment.

MONSIEVR, Toutes les guerres font offensiues, ou deffensiues; L'offensiue, s'entreprend pour se venger, pour acquerir, ou pour le seruice d'autruy. La deffensiue, par necessité, ou par la crainte qu'vn autre ne nous puisse offencer, ou pour le seruice d'autruy. Sur ce modelle vous interposerez vostre iugement, & discuterez sans crainte, & à loisir les interests de sa Majesté, & des

Anglois, pour la Paix & pour la Guerre:
car pour mon particulier, i'aduoüe libremēt
que ie n'en suis pas capable , & quand ie le
serois, l'exemple de Phaëton qui se perdit,&
se brusla , pour s'estre trop pres approché
des flammes du Soleil, m'en osteroit la volonté. Il me suffira sans entrer dans vn si
profond Occean d'intrigues , de luy dire en
chemin faisant. Que la descente des Anglois
en l'Isle de Rhé a grandement iustifié , le
merite, & la necessité du Conseil que le
C. D. R. a donné à sa Majesté, pour se rendre aussi puissante en Mer que par Terre.
Conseil dautant considerable qu'il est vtile,
& qui n'auoit point esté connu iusques icy,
des Roys ses predecesseurs, ny de ses Ministres, ou s'ils l'auoient connu, ils n'auoient
pas trouué l'inuention de l'executer, ny les
moyens proportionnez, pour desinteresser
ceux qui en pouuoient estre offencez. Conseil tres-facile à mettre en œuure, puis que
nous ne manquons, d'hommes, de Ports, de
Bois, ny d'Argent. Conseil qui nous fait
voir ce que peut dans vn Estat, & pour la reputation d'vn grand Roy , comme est le
nostre, vn Personnage de la qualité, du courage, & de l'esprit du Cardinal de Richelieu.
Duquel apres vous auoir representé vne

partie de ſes Vertus, & le reſte que ie reſerue pour vne autre fois. Ie puis dire auec verité & ſans flaterie que le plus grand default qu'il ait, c'eſt de n'en auoir point.

M o n s i e v r, la deſcente des Anglois, & la priſe de l'Iſle de Rhé, eſtonnoient les plus Aſſeurez, qui ne croyoient pas que Boquinchan (laiſſons les intereſts particuliers à part) feuſt party d'Angleterre auec huiƈt mil hommes, pour nous faire la guerre, ſans que ſon deſſein feuſt ſecondé des Armes de pluſieurs Princes Eſtrangers, Des Rochelois, Du corps de la Religion pretenduë Reformée, & de quelques Meſcontents: Deſquels les vns le deuoient ioindre à ſon arriuée, Les autres deuoient prendre les Armes en meſme temps, & en diuers lieux pour diuertir les forces du Roy, Duquel la maladie en ceſte rencontre, fauoriſoit autant leurs reſolutions, comme elle aſſoibliſſoit les noſtres. Parce que durant ce temps en l'Armée de ſa Maieſté tout y alloit mollement; Le courage des Soldats eſtoit abbatu, Le trauail de la Rochelle languiſſant, & ſe trouuoit peu d'vnion parmy les Chefs. Mais Dieu qui d'vne grace ſpeciale accompagne & recõpence la Pieté & les ſainctes intentions de ſa Maieſté, Luy redonnant la ſanté, luy redoubla

doubla la force, & le courage, pour se rendre
en son Armée. Où sa presence apporta vn
extreme changement aux affaires : Car les
grands & les petits combatoient par emula-
tion pour se rendre dignes de la seruir. Le
Soleil quand il s'approche du centre d'vne
region, y apporte de la chaleur, & lors qu'il
s'en recule du froid ; de mesme à son arriuée
les Soldats estoient pleins de feu, comme en
son absence ils estoient de glace. L'on dit
qu'au plus fort des dangers, quand les Grecs
voyoient la face gaye de Clearchus, sa seule
contenance augmentoit leurs courages. Et
les François aux plus grandes difficultez qui
se presentoient, par l'aspect fauorable de leur
Maistre, estoient inuincibles, & tellement
asseurez, qu'ils surmontoient la Nature des
choses. Aussi l'exemple & la presence de sa
Majesté, estoit comme vne Ame au corps
de son Armée, qui la faisoit viure, mouuoir,
& respirer, estoit comme vn Chef qui in-
fluoit de la force & de la vigueur, sur les
membres inferieurs. Les Veines, sont bien
espandues par le corps; mais ont toute leur
origine du foye. Les Nerfs sont bien distri-
buez par tous les membres, mais ont leur
source du Cerueau. Les Arteres condui-
sent bien nos esprits par toutes les parties :

mais leur Principe eſt au Cœur. Que ſi ſes
ſeruiteurs n'euſſent arreſté l'ardeur de ſon
courage, & l'euſſent laiſſé en la liberté de
ſes volontez, Il fut entré le premier dans
l'Iſle, l'eſpee à la main. Auſſi les Chefs &
les Soldats au paſſage, voyant ſon viſage
couuert d'eſperance certaine de la victoire,
faiſoient ſi peu d'eſtat de leurs vies, qu'il
ſembloir que leurs Ames fuſſent à d'autres.
Et leurs courages eſtoient tels, qu'ils ſem-
bloient aller combatre ſous des corps em-
pruntez.

MONSIEVR, Pour parler dignement
du ſiege, & de la priſe de la Ville de la Rochelle, ie deurois imiter ce grand Peintre,
Qui voulant repreſenter dans vn Tableau
les rares & excellentes beautez des trois
Deeſſes, lors qu'il eut emploié & eſpuiſé le
plus parfait de ſon Art aux viſages de la pre-
miere & de la ſeconde; à la troiſielme il ſe
trouua ſurpris d'eſtonnement, ſon induſtrie
& ſon pinceau luy manquerent, fut con-
traint de la faire voir en poſture telle, qu'elle
ne monſtroit que les eſpaules, Pour rémoi-
gner que ſa temerité en ſon deſſein de pein-
dre ces beautez n'eſtoit moins grande que
celle de Paris à en vouloir iuger; Ainſi,
Monſieur, m'eſtant par voſtre commande-

ment trop legerement engagé au recit des
Vertus heroïques de sa Majesté & de Monsieur le Cardinal. Quand il faut que ie parle
de ce siege & de cette prise, ie reconnois,
mais tard, la foiblesse du vol de ma plume,
qui ne se peut éleuer, comme il seroit necessaire jusques en la haute region de leurs merites & de leurs loüanges; Qu'il seroit plus
seant de m'en taire, & de couurir mon inca-
pacité du voile du silence auec lequel on
loüe les choses diuines; Car tout ce qui s'en
peut penser est au dessous de tout ce qui s'en
doit dire, Et semble que sa Majesté consume
& abisme en soy toute la gloire de ses predecesseurs aux sieges des siecles passez, & la
suffisance des plus eloquentes plumes.

MONSIEVR, Le plus grand ornemēt
de l'Vniuers, est l'ordre admirable qui s'y
voit; Toutes choses y sont si bien ordonnees
qu'il n'y a si petit animal, ny si petite plante
qui ne contribuë à sa perfection; & qui ne
serue à nous monrer & éleuer, comme par
degrez de la creature au Createur. Aussi est-
il appellé Pere de l'ordre, & la vertu de l'ordre est en l'essence de Dieu, qui par la nature
des contraires ne se plaist & ne se trouue
dans le desordre & dans la confusion. Pour
cette raison i'estime que ce Prince Aleman,

confiderant (lors que Tibere faifoit la guerre en Allemagne) l'ordre fingulier, le flus &
reflus du commandement & de l'obeïffance
qui paroiffoit en l'armee des Romains, le
vint trouuer pour luy dire qu'il venoit voir
& adorer le Genie qui conduifoit vne armee
fi bien policee. Si ce Prince qui s'eftonnoit
d'vne chofe fi commune eût veu ce qui s'eft
paffé en ce fiege, s'il eût veu l'armee de fa
Majefté en ce bel ordre autour d'vne place
forte d'affiette, bien fortifiée, Qui a pour
deffence le marais d'vn cofté & la Mer de
l'autre; S'il eût veu cette Ville enceinte &
bloquée de tant de Forts fi bien dreffez, De
lignes de communication fi bien reglées,
D'vne Digue fi bien fondée, De Vaiffeaux
murez fi bien placez, De chandeliers & autres Vaiffeaux fi bien fcituez, Qu'eût il dit
autre chofe, voyant ces ouurages difpofez
d'vne telle Simetrie, que ce que dit Spinola
l'Admiral de Caftille, & tous ceux qui ont
veu ce miracle & ces trauaux d'Archimede,
Que noftre Roy eftoit vn Dieu mortel qui
y commandoit. Au triomphe d'Emilius,
toutes les armes, quoy que differentes,
furent fi bien arrangées, & par vn tel
artifice, qu'il fembloit toutesfois qu'elles
euffent efté jettées pefle-mefle & confufé-

ment; De mesme, encore que la Diguë, les Vaisseaux, & toutes les autres machines fussent de formes dissemblables, Il y auoit neantmoins vne telle communication, vn tel rapport, & vne telle liaison des vns aux autres pour vn mutuel secours, Qu'il sembloit à plusieurs que ce ne fust qu'vn corps composé de diuers membres, Et ne se trompoient pas, Puis que toutes ces parties si desvnies en soy, estoient informees, & receuoient leurs mouuemens de l'esprit & de l'œil de ce grand Cardinal. Auquel sa Majesté, comme au principal instrument de ce siege, en auoit donné la direction ; Aussi estoit-il tres-iuste pour le faire reussir luy en donner la conduite, puis que tout le Monde sçait qu'il a esté entre les secondes causes, le premier Mobille, l'Auteur, & L'inuenteur d'vne si haute entreprise & genereuse action.

Lon remarque, MONSIEVR, que sa Majesté pour dompter & pour vaincre la rebellion de ceux de la Religion pretendue reformée, qui vouloient faire vn Estat dans son Estat, & qui pour cet effect s'estoient alliez des Anglois anciens ennemis de ce Royaume, s'est seruie pour les reduire en son obeïssance de deux contraires effects remarquables en ses Royales actions, la celerité & la Patience ; Car ces années passées, Il sembloit qu'elle eust des-ja acquis les qualitez des corps glorieux ; Qui en vn instant sont où ils veulent, & agissent où ils sont, estant veuë quasi en mesme temps en Normādie, en Anjou, en Cuyenne, en Beart, à S. Iean d'Angely, Montauban, a Montpellier, c'estoit vn moüuement sans fin que ses caualcades. Au siege de la Rochelle l'on a reconnu des preuues singulieres de sa Patience; de sa Constance, Où il ne luy a pas suffy de vaincre ses ennemis par la force de ses armes, A encores voulu vaincre par sa Presence l'inclemence du Ciel & des Elemens; Et tout ainsi qu'il estoit mal·aysé de diuertir Alexandre le grand de ce qu'il auoit vne fois resolu, à qui la Fortune mesme ceddoit aux entreprises, iusques a vouloir forcer le Temps & les lieux. Le Siege de la ville de Tyr nous en fournit vn exemple parmy tant d'autres, où il souffrit & surmonta par sa patience toutes sortes de difficultez; Ainsi nostre Ieune Alexandre pour ne se voir frustré du dessein qu'il auoit il y a lōg temps de recouurer ceste Place, qui ne l'auoit peu estre par tant de Roys ses Predecesseurs. Au lieu que les incommoditez extremes, les maladies, & les rigueurs du Temps l'en deuoient

deſtourner ; C'eſtoit ce qui l'animoit & eſ-
chauffoit dauantage au trauail. Ne craignãt
point de dire tout hault, Que Dieu l'auoit
reſerué luy ſeul pour ceſte entrepriſe : Auſſi
ce meſme Dieu, Dieu des Armées, qui gou-
uerne toutes choſes par poids, par nombre,
& par meſure ſuſpend quelquesfois pour des
cauſes inconnues aux hommes ; Et remet en
autre temps les Decrets de ſa Volonté , pour
faire voir en autre ſaiſon les effeêts de ſa Pro-
uidence ; Car il n'a pas voulu donner ceſte
conqueſte à la gloire des armes des Roys
qui l'ont precedé en aage ſeulement & non
pas en courage ; Il l'a voulu reſeruer pour
ſeruir de Trophée à la Pieté de ſa Majeſté,
Comme il eſtoit bien raiſonnable , qu'vne
Pieté ſans exemple, triomphaſt d'vne impie-
té ſans pareille. Romains ne vantez plus les
Vertus imaginaires de vos Empereurs ; Et
nous François ne deſirons plus en nos Roys
la Pieté de S. Louys, la Prudence de Louis
vnzieſme, la Bonté de Louis douze, la vail-
lance du grand Henry, Car toutes ces grãdes
qualitez ſe rencontrent en noſtre Louys
trezieſme, Et tout ainſi que la couleur blan-
che, pour ce qu'elle excede les autres couleurs en perfeſtion, eſt la meſure de toutes
les autres, Et qu'en chacun genre il y en a vn

qui sert de regle à tous; Aussi sa Majesté sert
& seruira d'Exemple aux autres Roys qui se-
ront estimez Vertueux, selon qu'ils s'appro-
cheront & imiteront ses Vertus.

FIN

qui sert de regle à tous; Aussi sa Majesté sert
& seruira d'Exemple aux autres Roys qui se-
ront estimez Vertueux, selon qu'ils s'appro-
cheront & imiteront ses Vertus.

www.ingramcontent.com/pod-product-compliance
Lightning Source LLC
Chambersburg PA
CBHW061743060726
47597CB00007B/2740